Lk 364.

PREMIÈRE LISTE

DES ÉTRANGERS ARRIVÉS A ARCACHON

PENDANT LA SAISON DES EAUX DE 1854

BORDEAUX

IMPRIMERIE DE J. DELMAS, SUCCESSEUR DE P. FAYE

Rue Ste-Catherine, n. 139.

AUTORITÉS LOCALES

M. LAMARQUE DE PLAISANCE
MAIRE DE LA TESTE,
propriétaire à Arcachon, quartier de la Belle-Plage.

M. LE DOCTEUR PEREYRA
MÉDECIN-INSPECTEUR DES BAINS DE MER D'ARCACHON,
demeurant quartier d'Eyrac, maison Célerier, n. 7.

M. BARON
COMMISSAIRE DE POLICE,
demeurant à La Teste.

M. MARICHON
JUGE-DE-PAIX,
demeurant à La Teste.

NOMS DES ÉTRANGERS

Arrivés et séjournant à Arcachon pendant la saison des bains de mer de 1854,

DU 1er AU 31 JUILLET.

NOMS DES PERSONNES.	Résidence.	Nombre.	LOGEMENTS.
Mme Lafitte.	Begué.	1	Chez M. Grenié.
Mme Bonnefon et ses enfants.	Bordeaux.	4	Id.
Lassalle.	Id.	1	Lesca.
Mme Jean-Pierre.	Poitiers.	2	Id.
Mlle Chatel de Guy.	Bordeaux.	1	Id.
Mme Douet.	Poitiers.	3	Id.
Mme Jude, sa sœur et ses enfants.	Bordeaux.	7	Célerié.
Mme de Berne.	Id.	3	Id.
M. Meller.	Id.	6	Id.
M. de St-George.	Carignan.	5	Id.
M. de Valbray.	Paris.	6	Id.
Mme Contraire.	Bordeaux.	3	Id.
Mme Lavezon.	Parempuyre.	2	Id.
Mme Girard.	Montlieu.	9	Id.
Mme Favouet.	Cadillac.	3	Id.
M. Faugeras.	Bordeaux.	2	Id.
M. Dancy.	Id.	4	Id.
Mme Peine.	Angoulême.	4	Duplanté.
M. Nicolau.	Poitiers.	1	Id.
M. Montaubry.	Bordeaux.	2	Id.
M. Gradis et sa dame.	Id.	4	Hovy.
Mme Loze.	Id.	4	Id.
Mme Quentin.	Id.	1	Id.
M. Astruc (Dorsan).	Id.	5	Id.
M. Astruc (Nat.).	Id.	6	Id.
Veuve Rousse.	Id.	5	Id.
Veuve Buech.	Id.	1	Id.
Mme Wetzel.	Id.	6	Id.
M. J.-H. Wustenberg.	Id.	9	Id.
M. Bosc et sa dame.	Id.	11	Mestrezat.
M. Garnier et sa dame.	Id.	2	Legallais.
M. Goré.	Paris.	2	Id.
M. Claude.	Bordeaux.	5	Id.
M. Menescale.	Montauban.	1	Id.
M. Laffargue.	Saint-Emilion.	1	Id.
M. Dumas.	Id.	1	Id.
M., Mme et Mlle Montreaux.	Angers.	3	Id.
M. Delecourt.	Id.	1	Id.
M. E. Troubat.	Bordeaux.	1	Id.
M. V. Troubat.	Mayenne.	1	Id.
M. Magnien.	Paris.	1	Id.
M. Vullon.	Bordeaux.	1	Id.
M. Dumas.	Pierrille.	1	Id.
M. et Mme de Pignonneau.	Preuilly.	2	Id.
M. Pagès.	Prieuré-Cantenac.	1	Id.
Mme V. Nicolas.	Id.	1	Id.
MM. Mérillon.	Bordeaux.	8	En son domicile.
M. Champeaix.	Niort.	3	M. Mérillon.
	A reporter...	157	

NOMS DES PERSONNES.	Résidence.	Nombre.	LOGEMENTS.
Report.		157	
M. et Mme Couve	Bordeaux.	8	Couve.
M. Deonna	Id.	2	Id.
M. et Mme Ernozan	Id.	4	Ernozan.
Mme Douesnel	Id.	1	Id.
M. Gautier et sa dame	Id.	3	P. Gautier.
Mme Lovelas	Id.	3	Id.
M. Wurth et sa dame	Id.	2	Id.
Le capitaine Cutler et sa famille	Id.	9	En son domicile.
Mme Cousine	Id.	2	M. Cutler.
Baron Portal et Mme	Blanquefort.	10	En son domicile.
Miss Mexhay	Id.	1	Baron Portal.
M. Maurenq, sa dame et sa demoiselle	Paris.	7	Lahille.
Mme Callaud-Belisle	Angoulême.	3	Id.
M. et Mme Lahille	Bordeaux.	2	Id.
M. Horace Mallet	Paris.	9	D. Gautier.
Le baron de Bussière	Colmar.	5	Id.
M. et Mme Garrau	Angers.	3	Id.
M. Alphonse Mallet	Paris.	7	Poujau.
M. Kuran (J.-B)	Bordeaux.	2	En son domicile.
M. Rousse	Id.	9	Cassy.
M. Deyrem et sa dame	Id.	3	Dasté.
M. Déjean et sa dame	Pessac.	3	Déjean.
M. Fourcat et sa dame	Blanquefort.	5	Coussillon.
M. Béchade et sa dame	Id.	4	Id.
Mme Dunkin	Bordeaux.	6	Id.
M. Stanhepe Jempleman et sa dame	Angleterre.	3	Id.
M. Smith et sa dame	Id.	2	Id.
M. Sefels et Mme de Lajolais	Paris.	3	Moureau.
M. Sarraméa, né Antoine	Ambarès.	6	Id.
Mlle Anthony	Id.	1	Id.
M. Ducarpe et sa dame	Castillon.	4	Méran.
M. Reynaud	Mérignas.	2	Id.
Mme Gerard et son neveu	Puisseguin.	2	Id.
Mme Galatheau	Mérignas.	1	Id.
M. Bichon et sa dame	Lormont.	7	Rousseau aîné.
M. J. Bernard	Ambarès.	2	Id.
Mme veuve A. Chaigneau	Lormont.	4	Id.
M. Michaud et sa dame	Cognac.	2	Bourquin.
M. Jules Delmas	Bordeaux.	1	Id.
MM. Lys et fils	Id.	3	Id.
Mme Thévenin	Id.	3	Id.
Mme veuve Lalanne	Id.	2	Id.
M. Sallelvaque	Id.	1	Id.
M. Bastide et sa dame	Id.	3	Id.
M. et Mlle Sazy	Id.	2	Id.
M. Moreau et sa dame	Id.	3	Id.
M. Falquet et sa dame	Id.	4	Id.
M. Bardon et sa nièce	Id.	2	Id.
Mmes Ducos	Id.	2	Id.
Mlle Ducos	Id.	1	Id.
Mme Vieuse	Id.	1	Id.
Mlle Journiac	Id.	2	Id.
Mme Mercès	Id.	2	Id.
M. de Seize	Paris.	16	Durand.
M. Dauty et sa dame	Bordeaux.	3	Id.
M. Dauty et sa dame	Podensac.	3	Id.
A reporter.		365	

NOMS DES PERSONNES.	Résidence.	Nombre.	LOGEMENTS.
	Report....	365	
M. et Mme N. Peyrelongue.	Bordeaux.	3	Durand.
M. et Mme A. Peyrelongue.	Id.	3	Id.
Mme Mergé.	Id.	1	Id.
M. Douand.	Id.	8	Chez lui-même.
M. Daumias et sa dame.	Guadeloupe.	4	J.-B. Dussaut.
M. Robert et sa dame.	Bordeaux.	4	Id.
M. Poujoulat et sa dame.	Agen.	3	Id.
Mme Chertier.	La Réole.	4	Id.
M. Broustera.	Libourne.	4	Id.
Mlle Lasserre.	Agen.	1	Id.
Duchesse de Chevreuse.	Paris.	11	Legallais.
Marquis de Montesquiou.	Id.	12	Id.
Comte de Tournon.	Id.	4	Id.
M. Besson (Lucien).	Bordeaux.	3	Magonty.
M. et Mme Dubosq, et Mme France	Id.	5	Id.
Mme Fety.	Baigneau.	4	Id.
M. et Mme Cohdet.	Angleterre.	8	Carron.
M. et Mme Crépet.	Paris.	5	Duprat.
Mme J. Caczontès.	Bordeaux.	4	Lestout.
M. V. Nuyens.	Id.	4	Id.
M. Massé et sa dame.	Id.	4	Id.
M. et Mme Nuyens.	Id.	5	Id.
Comte et Comtesse de Puységur.	Bellevue (Tarn).	5	Id.
Mme Lebéfaude.	Bordeaux.	4	Id.
Mme Bouriez.	Id.	4	Id.
M. Veza.	Id.	1	Id.
Mlle Detrétaux.	Id.	1	Id.
Mme Faget.	Id.	5	Mme Hameau.
Mme Droz.	Id.	5	Id.
M. Noguey et sa dame.	Hure.	3	Id.
N. Noguey Junior.	Bordeaux.	2	Id.
Mme Noguey (Auguste).	Id.	3	Id.
Mme Servanty.	Id.	4	Id.
Mme Moreau.	Id.	7	Moureau.
M. Garat et sa dame.	Id.	5	Mme Lafon.
M. Boudias et sa dame.	Id.	5	Id.
M. Labadie et sa dame.	Id.	8	Lamarque.
M. Salesse et sa dame.	Id.	6	Id.
M. Fournier et sa dame.	Id.	5	Id.
M. de Chauvigny.	Bessé (Sarthe).	4	Bestaven.
M. St-Marc et sa cousine.	Paris.	4	Id.
Mme Périgord.	Confolens.	5	Id.
M. de Montardy et sa dame.	Bordeaux.	7	Id.
Les Dames Villepreux.	Id.	4	Venot.
Les Dames Redon.	Id.	2	Id.
Famille Godefroy.	Id.	10	D'Mokoski.
M. Dupuy.	Id.	6	Conquet.
M. Gièse.	Id.	10	Gièse.
M. Bardon et sa famille.	Paris.	6	Poisson.
M. Pellegrain (Derlaises).	Poitiers.	3	Id.
M. Lewden.	Libourne.	7	Libert.
Mme Serive Brandeau.	Lille.	5	Id.
M. Paul Princeteau.	Libourne.	4	Id.
Mme Valade-Gabel.	Paris.	4	Id.
M. Lardeau.	Brannes.	6	Bataille.
Veuve Défossés et Mme Célerier.	Id.	4	Id.
	A reporter...	633	

NOMS DES PERSONNES.	Résidence.	Nombre.	LOGEMENTS.
	Report.....	633	
Mme Soubise............	Puisseguin.	3	Bataille.
Veuve Dussaq............	Bordeaux.	4	Id.
Mme Balzer.............	Id.	2	Lesca.
M. Massé...............	Id.	2	Id.
M. Curassé.............	Id.	1	Id.
M. Combret.............	Libourne.	1	Id.
Mme Ladosp.............	Preignac.	2	Id.
Mme Bernard............	Bordeaux.	1	Id.
Mme Fribault............	St-Jussien.	2	Arpilas.
Mirande et sa famille........	Bordeaux.	5	Id.
M. Gateuil et sa dame........	Id.	5	Boyrie.
M. de Lavergne...........	Id.	2	M. de Lavergne.
M. Jaffard et sa dame........	Id.	4	Chez M. Joffard.
Mme Moustey et sa nièce......	Id.	2	Id.
M. Bernadot.............	Id.	4	Cazobon.
M. Armand et son épouse......	Id.	2	Id.
Mme Cramaix............	Sainte-Foy.	2	St-Sevain.
Mme Planteau............	Id.	5	Id.
Mme Rossipon............	La Bastide.	3	Id.
Mme Gouzic.............	Bordeaux.	1	Id.
Mlle Tauran.............	Id.	1	Id.
Mme Hébert.............	Paris.	1	Dasty.
Mme Audon.............	Id.	1	Id.
Mlle Réger..............	Coutras.	1	Id.
Moustey...............	Bordeaux.	1	Id.
MM. Montagnot et Villard.....	Verdelais.	2	Id.
Boyé et Tillec............	St-Pi de Langon.	1	Id.
Brussot................	Berson.	1	Id.
Dupuch et sa dame.........	Bordeaux.	8	Dupuch.
Mme Rousseau...........	Id.	1	Id.
Mme Fourcade............	Id.	2	Id.
Trémon et sa tante..........	Id.	3	Bruel.
Mme Labadie............	Blaye.	4	Id.
Drouault et sa mère.........	Arcachon.	3	Soucrampe.
Charles-Frédéric...........	Caudéran.	1	Lacou.
Morange...............	Rochefort.	2	Id.
M. Mesnard et sa dame.......	Angoulême.	3	Id.
Mme Rousset............	Bordeaux.	1	Id.
Mme Bertin.............	Nérigean.	1	Id.
M. Secondat.............	Libourne.	4	Richon.
M. Laspeyrère............	Bordeaux.	3	Id.
Durance...............	Id.	3	Id.
Richon................	Id.	1	Id.
Fauré.................	Id.	8	Id.
M. Boucherie et sa dame......	Id.	6	Ropp.
M. de Bernardi...........	Id.	1	Id.
M. Albertéli.............	Id.	1	Id.
M. Liedenc et sa dame........	Id.	2	Larrieu.
M. Ligarde..............	Id.	2	Larrue.
M. Jalanon..............	Id.	1	Id.
M. Duonte..............	Id.	2	Id.
M. Roux...............	Id.	2	Id.
M. Buche...............	Id.	1	Id.
M. et Mme Lafitte..........	Id.	7	Legallais.
Mme Boumagne...........	Id.	3	Daussy.
Bellen et son frère..........	Irlande.	2	Legallais.
	A reporter...	773	

NOMS DES PERSONNES.	Résidence.	Nombre.	LOGEMENTS.
	Report....	773	
M. Bellen, lieut¹..............	Irlande.	1	Legallais.
M. Watring................	La Bastide.	2	Venot.
M. Payrole................	Bordeaux.	3	Id.
M. Venot.................	La Teste.	5	Chez lui-même.
Mme Itey.................	Vignonet.	2	Dessens.
M. Giraud................	St-Emilion.	3	Id.
M. Esteymon..............	Bordeaux.	1	Id.
M. Richon................	Libourne.	1	Id.
Mme Meynard..............	Id.	1	Id.
Mme Vacher...............	Id.	1	Id.
M. et Mme Goyard..........	Bourbon-Lanc.	4	Taffard.
M. et Mme Kuhn...........	Bordeaux.	3	Id.
M. et Mme Alexandre.......	Id	2	Id.
Mme veuve Sandré..........	Id.	2	Id.
M. Astruc et sa dame........	Id.	5	Id.
Mme Taffard...............	Id.	2	Id.
M. et Mme Marcon..........	Bourg.	3	Cléry.
Mlle Hivert...............	Bordeaux.	1	Id.
Mme Gufflet et sa demoiselle.....	Id.	2	Teychoueyre.
Mme Gufflet et sa mère.......	Id.	3	Id.
M. Jussiex................	Id.	1	Loude.
M. Loude.................	La Teste.	4	Id.
M. Gufflet................	Bordeaux.	1	Gailhard.
M. Collot (F.).............	Egurande.	1	Id.
M. Collot (Edm.)...........	Id.	1	Id.
M. Massot.................	Bordeaux.	1	Id.
M. Monjauze et sa dame.......	Paris.	2	Id.
M. Lagardère..............	Bordeaux.	1	Gailhard jeune.
M. Martin................	Id.	1	Id.
Mlle Marie Nadau..........	Id.	1	Id.
M. Lafitte jeune............	Guîtres.	1	Id.
M. Alphonse...............	Bordeaux.	1	Ricard.
Alphonse-Honorine..........	Id.	1	Id.
Mme Péraud...............	Lamarque.	7	Célerier.
M. Montaut................	Montauban.	3	Id.
Mme Fourcade.............	Bordeaux.	3	Id.
M. Monvezin..............	Id.	2	Id.
M. Delhomme.............	Lamarque.	4	Id.
Mlle Gimonteil.............	Bordeaux.	1	Dignas.
Mme Amaga...............	Id.	1	Id.
Mme Rouquès.............	Id.	1	Id.
Mlle Chotiléguy............	Id.	2	Id.
Le duc de Luyne et la duchesse de Chevreuse.............	Paris.	13	Bermon.
Marquis de Mallet..........	Id.	6	Pontac.
Mlle Mathis...............	Bordeaux.	2	Meynié.
M. et Mme Bellac...........	Id.	5	Id.
M. et Mme Froidefond.......	Id.	6	Mme Rey.
Mme Noël................	Id.	4	Mme Lafon.
Mme veuve Roustaing........	Id.	4	Id.
M. et Mme Maneau..........	Id.	3	Dehillote.
M. et Mme Morance.........	Pessac.	3	Id.
Mlle Guillemetteau..........	Bordeaux.	1	Id.
Mlle Mussotte.............	Id.	1	Id.
M. Fleury................	Paris.	1	Id.
Mme Fouguet..............	Bordeaux.	2	Id.
	A reporter...	912	

NOMS DES PERSONNES.	Résidence.	Nombre.	LOGEMENTS.
	Report....	912	
Mme Issartier.	Bordeaux.	2	Lelong.
M. et Mme Brun.	Id.	3	Lafon.
Mme Larty.	Id.	3	Id.
M. Laplace.	Id.	1	Id.
M. et Mme de Verneuilh.	Périgueux.	3	Bataille.
M. et Mme Crémier.	Carbon-Blanc.	4	Dreuilh.
Mme Delnote.	Bordeaux.	1	Bouseau.
Mlle Pascal.	Id.	1	Bouscau.
M. Sellier.	Id.	1	Lesca.
M. Martin.	Id.	6	D'Mokosky.
M. Gillard.	Latresne.	3	Boyrie.
M. Dehail et sa dame.	Bordeaux.	3	Id.
Mme Sallenave.	Id.	2	Id.
M. Brumereau.	Id.	2	Id.
M. Ravès.	Id.	2	Lesca.
M. Balaresque.	Id.	1	Id.
M. Duboscq.	Id.	1	Id.
M. Pereyra-Sourès.	Id.	1	Id.
M. Fousègues.	Id.	1	Id.
M. Labarthe.	Noaillan.	1	Id.
M. Hostein.	Bélai.	1	Id.
M. Bessino.	St-Léon.	1	Id.
M. Durousseau.	Bordeaux.	4	Célerier.
M. Dulac et sa dame.	Id.	4	Id.
Le comte Chasteygner.	Angoulême.	4	Id.
Mme Astruc (Elisabeth).	Bordeaux.	3	Id.
M. Daney et sa dame.	Id.	3	Id.
M. Piotey et sa dame.	Mussidan.	8	Id.
M. Robin.	Limoges.	1	Thomas Lusson.
MM. Giresse.	Castel.	2	Id.
Mme Desclore et sa famille.	Castres.	2	Id.
M. Langlois.	Bordeaux.	2	Id.
M. Astier de Montron.	La Martinique.	1	Id.
M. Astier de Pompignan.	Id.	2	Id.
M. Lesage.	Mérignac.	4	Id.
M. Goux aîné.	Lesparre.	4	Id.
M. Casajoues et sa dame.	Bordeaux.	3	Pontac.
M. Alexandre (Joseph).	Id.	1	Gailhard jeune.
M. Alexandre.	Id.	3	Id.
M. Daney neveu.	Preignac.	1	Id.
M. Daney (F.).	Id.	1	Id.
M. Riveau (Romain).	Id.	1	Id.
M. Franceschi.		1	Id.
M. Nolivos.	Bordeaux.	1	Id.
La comtesse de Larochefoucault avec son fils et sa demoiselle.	Paris.	6	Id.
M. Rivaud et sa dame.	Angoulême.	4	Id.
M. Chalonnet et sa dame.	St-Émilion.	2	Id.
Mme Pichery et sa sœur.	Blois.	3	Id.
Mlle Balguerie.	Bordeaux.	2	Duplanté.
M. Depumbach.	La Rochelle.	1	Id.
M. Laronde.	Bordeaux.	1	Id.
Mme Trevots.	Id.	2	Id.
Mme de Serelle.	Angoulême.	2	Id.
M. Troyes.	Bordeaux.	1	Id.
M. Birot.	Duras.	1	Dessans.
	A reporter...	1037	

NOMS DES PERSONNES.	Résidence.	Nombre.	LOGEMENTS.
Report		1037	
M. Dubernet	Noaillan.	1	Dessans.
M. Darouy et sa demoiselle	Belin.	3	Id.
M. Tuyraud	Duras.	1	Id.
M. Sorbier	Id.	1	Id.
M., Mme et Mlle Nonteriau	Angers.	3	Legallais.
M. et Mme Fumey	Angoulême.	3	Id.
M. Magmen	Paris.	1	Id.
M. G. Bordin	Stockholm.	5	Id.
M. de Laborderie	Périgueux.	2	Id.
M. Lespinasse	La Réole.	1	Id.
M. Lunel	Bordeaux.	1	Id.
M., Mme et Mlle Duthil	Id.	4	Id.
M., Mme et Mlle Bizat	Id.	4	Id.
M. et Mme Baron	Id.	3	Id.
M. Pergstroom	Suède.	1	Id.
M. Paillas	St-Cirès.	1	Id.
M. et Mme Roque	Rodez.	4	Id.
M. D'Etchevery	Bordeaux.	1	Id.
M. Maudin	Baron.	1	Id.
M. et Mme Fanel	Bugue.	2	Id.
M. Irizeau	Tizac.	1	Id.
M. Naviceau	Baron.	1	Id.
M. Pouchamp	Bordeaux.	1	Id.
Mme Joubert	Id.	2	Id.
Mme Elie Lagrange	Id.	1	Id.
M., Mme et Mlle Péregaux	Id.	4	Id.
M. et Mme Rondeau	Id.	5	Id.
Mme de Vassoigne	Id.	3	Id.
M. D'Heliand	Château-Gontier.	2	Id.
M. et Mme Debans	Bordeaux.	10	En sa demeure.
M. et Mme Travot	Bouliac.	9	Hernozan.
M. Durrumier et M. Pelletreau	Bordeaux.	3	Id.
Mme de Javelle	Angoulême.	1	Grenié.
M. de Gallard (Charles)	Id.	1	Id.
M. de Lozé	Id.	1	Id.
M. Cassindeloze	Id.	1	Id.
Mme de Lanclos	Id.	2	Bope.
M. Lemarchand et sa dame	Paris.	3	Lacau.
M. et Mme Dumas-Descrombe	Id.	6	Dupuch.
Mlle Felutte	Id.	1	Id.
Mlle Magnier	Id.	1	Id.
M. Duprat	Bordeaux.	6	Lahille.
M. Eugène Charpentier	Id.	4	Id.
M. Edouard Manuel	Id.	9	Durand.
M. Ed. Cordier	Tours.	1	Id.
M. et Mme Giraud	Libourne.		Bruel.
M. et Mme Guéret	Bordeaux.	3	Id.
M. Delport et sa dame	Id.	4	Id.
Marquis de Montesquiou	Paris.	13	Gours.
M. et Mme Soloberg	Bordeaux.	7	Chez lui-même.
Mmes Dupuy et Lavaud	Id.	3	Delclou.
Dames Ponchan	Id.	2	Id.
M. Michael Beller	Irlande.	1	Dasté.
M. Christophe Beller	Id.	1	Id.
M. et Mme Siama		7	Déjean (Oscar).
Mlle Nelly Brie	Ste-Foy.	1	Sansevin.
A reporter		1202	

NOMS DES PERSONNES.	Résidence.	Nombre.	LOGEMENTS.
Report.....		1202	
Mme Conil de Vayres.........	Ste-Foy.	1	Sausevin.
Mme Massat...............	Id.	1	Id.
M. Rocipon................	La Bastide.	1	Id.
M. et Mme Merle...........	Bordeaux.	2	Cazobon.
Mme Dupuy................	Id.	6	Venot.
Mme Destanques............	St-Macaire.	1	Id.
Mme Dufaure de la Sarthe.....	Bordeaux.	2	Id.
M. et Mme Faurée..........	Id.	2	Mme Larue.
Mlle Faurée.............., ..	Id.	1	Id.
M. Audebert...............	Id.	2	Id.
M. Blandinière et sa famille.....	Id.	3	Id.
Mme Moncli...............	Id.	2	Id.
Mlle Souchet...............	Id.	1	Id.
M. Bartholdy (Frédéric).......	Paris.	4	Pouquaux.
Mme veuve Castaing.........	St-Sulpice.	2	St-Eubé.
M. Castaing (Jean-Jacques).....	Moulin.	1	Id.
Mlle Grenot................	Bordeaux.	1	Id.
Mme Espinasse.............	Marmande.	1	Id.
Mme Sourisseau............	Id.	1	Id.
M. Bessède................	St-And.-de-Cubzac	1	Dasté.
Mme Passemard............	Paris.	1	Id.
M. Veillère................	Bordeaux.	1	Id.
M. Guiard.................	St-Loubès.	1	Id.
M. Melun..................	Barsac.	1	Id.
M. Despatis................	Melun.	1	Id.
M. Montduil....-..........	Marseille.	1	Id.
Mlle Lacau................	Melun.	1	Id.
M. et Mme Saussens.........	St-J.-de-Blaignac.	2	Id.
M. Ducau.................	Illats.	1	Id.
La comtesse de Larochefoucault...	Paris.	6	Richon.
M. Béchade................	Blanquefort.	1	Coussillan.
Mme Guénefolliac...........	Angoulême.	3	Bourquin.
Mme Puynagen et sa mère.....	Id.	2	Id.
M. et Mme Vigneau..........	Blanquefort.	4	Id.
M. et Mme Giovanoli.........	Bordeaux.	5	Id.
Mme Blandinière et son mari ...	Id.	6	Id.
M. et Mme Lisse............	Id.	3	Id.
M. Henri..................	Blanquefort.	1	Id.
M. de Souvenel.............	Banière.	4	Mme Thonmière.
Mme Audubert..............	Beaulieu.	2	Id.
M. Delauze................	Villeneuve.	5	Dussaut.
M. et Mme Denis............	Bordeaux.	8	Mme Delille.
Mme Train................	Id.	4	Mme Lafon.
Mme Delrieu...............	Id.	1	Id.
Mme Potié................	Id.	2	Id.
Mme Meyran..............	Id.	3	Id.
M. Gibert et sa famille........	Id.	6	Id.
M. et Mme de Tartas.........	Id.	8	Montoriol.
M. Bellaud et sa dame........	Id.	2	Id.
Total......		1324	

HOTEL D'EYRAC

TENU PAR

M. GAILHARD

Cet Établissement offre aux baigneurs tout le confortable qu'ils peuvent désirer :

TABLE D'HOTE

A 10 HEURES DU MATIN ET A 5 HEURES DU SOIR

RESTAURANT A LA CARTE

VOITURES ÉLÉGANTES POUR LA PROMENADE A VOLONTÉ

Chevaux de louage à des prix modérés.

www.ingramcontent.com/pod-product-compliance
Lightning Source LLC
Chambersburg PA
CBHW071435060426
42450CB00009BA/2181